Dealing with Feeling Series
兒童情緒管理系列⑥

我好氣憤

I'M FURIOUS

Elizabeth Crary ◆ 著　　Jean Whitney ◆ 繪圖

林玫君 ◆ 譯

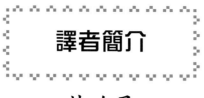

譯者簡介

林玫君

現任
國立臺南大學藝術學院院長
國立臺南大學戲劇創作與應用學系專任教授
International Journal of Education & the Arts 戲劇教育主編
Research in Drama Education（SSCI）編輯顧問
台灣戲劇教育與應用學會理事長

學歷
美國亞歷桑那州立大學課程與教學組學前教育博士
美國亞歷桑那州立大學戲劇教育碩士

經歷
國立臺南大學戲劇創作與應用學系創系主任
教育部幼兒園美感及藝術教育扎根計畫主持人
教育部幼托整合國家課綱美感領域主持人
教育部師資培育之大學藝術領域教學研究中心（中學組）設置計畫主持人
國立臺南大學幼兒教育學系教授兼系主任
香港幼兒戲劇教育計畫海外研究顧問
英國 Warwick 大學訪問學者
美國華府 George Mason 大學訪問學者

論文及譯／著作
幼兒美感暨戲劇教育及師資培育等相關論文數十篇及下列書籍：
《兒童戲劇教育之理論與實務》（著作，心理，2017）
《兒童戲劇教育：肢體與聲音口語的創意表現》（著作，復文，2016）
《幼兒園美感教育》（著作，心理，2015）
兒童情緒管理系列（譯作，心理，2003）
兒童問題解決系列（譯作，心理，2003）
兒童自己做決定系列（譯作，心理，2003）
《在幼稚園的感受：進森的一天》（譯作，心理，2002）
《創作性兒童戲劇入門：教室中的表演藝術課程》（編譯，心理，1995）
《創作性兒童戲劇進階：教室中的表演藝術課程》（合譯，心理，2010）
《酷凌行動：應用戲劇手法處理校園霸凌和衝突》（合譯，心理，2007）
《創造性戲劇理論與實務：教室中的行動研究》（著作，心理，2005）

「情緒」是人類與生俱有的本能與特點，它是一種複雜又難以用言語形容的生理反應及心理感覺。無論對大人或兒童而言，如何了解及面對自己的情緒是一件重要的事。多數的人都能接受正面的情緒如快樂、高興、喜悅或驚喜；但許多負面的情緒如生氣、悲傷、害怕或焦慮等反應，卻讓人難以接受。因此，當我們聽到孩子哭的時候，常常急著平撫：「乖乖，不要哭。」再不然，就斥責小孩：「哭什麼哭，有什麼好哭的？」當耐心磨盡時，更會威脅著說：「再哭，我就叫警察來抓你了！」通常孩子會愈哭愈大聲，不然就是被迫停止哭泣，但心中的不解與情緒的震撼，始終未被適當地疏導或解決。勉強壓抑的情緒終究會繼續發生，就像是個不定時炸彈，不知何時又會爆發。

許多負面的情緒常是因著一些生活上的問題或衝突未獲解決而產生。在面對孩子的麻煩時，大人常常以簡化的方式來擺平問題，例如在家中或教室裡，我們常會聽到成人要肇事的孩子以「對不起」、「用說的」、或是「下次不可以這樣」來解決問題。而有些大人則認為，孩子應該學著去解決自己的問題，因此，當衝突發生時，就告訴孩子：「我不管，你們自己去處理。」問題是——大人從來沒有提供任何的引導，孩子怎麼知道他可以如何解決當下發生的問題？

從小就很少有人教導我們如何去面對、接受或處理一些複雜難過的情緒與問題。多數人一直被教導著要「知禮守份」，只要乖乖聽話或用功讀書就好，其他的一概不用管，也不需要學。在生活中，「生氣罵人」是大人的權利；而「害怕」、「哭泣」是小Baby的行為。當生氣難過時，我們已經習慣去壓抑這些大人所認為的「不恰當」反應；而當麻煩出現時，我們也學著去忽略或者簡單處理這一些問題。漸漸地，當我們成為父母、為人師表時，在面對孩子的情緒反應及問題行為的當下，我們也不自覺地運用同樣的方法去壓抑這些負面的情緒及生活中的問題。

在今日瞬息萬變的社會中，孩子更是提前面對各類複雜的情緒與問題。家長與教師在處理這些狀況時，不能再如以往，用逃避或壓抑的態度來面對，他們更需要提供孩子各類的機會去了解自己的情緒且學習如何解決因應而生的問題。本書作者Elizabeth Crary就針對這個部分的需要，提供她個人的專業經驗。作者利用故事情境，為成人及孩子提供一個互動討論的空間。透過故事中的替代經驗，孩子得以發現不同的情緒表達方式與不同的行動所產生的後果。除了直接的討論外，筆者也建議成人利用戲劇扮演的方式來引導幼兒。藉此，幼兒更能深刻體認劇中人物的遭遇，並藉此來探討與自己有關的情緒經驗和社會問題。

林玫君

情緒的處理

為什麼要寫一本與「氣憤」有關的書？

許多家長常請我幫忙處理孩子情緒上的問題，或許是因為很多人從小就被教導去忽略自己的感覺，而當他想要以不同的方式來養育自己的孩子時，實在不知道要怎麼辦。

這本書怎麼幫助家長？

《我好氣憤》這本書可以幫助孩子接受自己的情緒，且學習如何回應自己的情緒。

這本書示範家長如何運用建構的過程來處理氣憤的感覺。它呈現一位家長如何以開放的態度和孩子討論感覺的過程。故事也為幼童提供各種不同的選擇，透過口語、肢體動作、及各種創意的方式，來表達自我的情緒。此外，本書也為一些想要改變自己，來回應孩子情緒的家長，提供正面示範。

要如何使用這本書呢？

如果能夠經常使用本書且時間夠長，它的效果會更好。如果只讀一、兩次，可能不會有太大的改變。但是你可以開始幫助孩子，將書中的故事轉換成現實生活中的真實情況。

▶ 幫助孩子分辨感覺和行動的不同

一起讀這本書，然後讓孩子決定其中的選擇方式，在每一頁的最後，你可以問孩子：「小凱現在覺得怎麼樣？」「他下一步會怎麼做？」接著下一頁會有更多與情緒相關的討論。

▶ 介紹不同的選擇方案

孩子需要不同的方法來處理個別的情緒問題。這個故事提供了十個不一樣的點子。讀完本書後，你可以問孩子：「小凱還可以怎麼做？」然後再把他的反應，寫在最後一頁的想法欄上。

▶ 以這本書為基礎來討論其他的情況

開始時可以討論一些發生在別人身上的事情。要孩子先認出當中的情緒，再討論他們所做的選擇。與孩子談話時，盡量避免用評斷的態度，可以幫助孩子用收集訊息的角度切入。

例如：有一個來家裡玩的小客人叫心怡，時間到了還不想回家，此時，我們可以問孩子：「該是回家的時候了，而心怡會有什麼感覺？她覺得很難過時，做了什麼事？後來又做了什麼事？」一些可能的回答如：「她不理會爸媽的要求，而且說『不。』」或是「她很不高興，而且不耐煩的說：『好吧。』」

當孩子面對別人的問題，能夠客觀地把感覺和行為分開討論時，你也可以同樣的態度，來討論孩子自己所做過的事情。

Elizabeth Crary

西雅圖／華盛頓

情緒和父母親的角色

身為一位老師或家長，你的角色就是要幫助孩子了解和處理自己的情緒問題。孩子的情緒需要得到認可；同時，他們也需要得到一些和情緒有關的訊息，及如何處理這些問題的方法。下面將一一說明：

一、發展一套描述情緒的字彙

有時候孩子會為一些強烈的情緒所困擾。若想深入了解，最簡單的方式，就是開始為這些「情緒」命名。例如：

- 分享你的感覺：「我覺得很沮喪，因為我不小心把咖啡倒在地板上。」
- 跟孩子們一起閱讀與情緒有關的書，如本系列相關的書。
- 觀察他人的情緒，例如：「我打賭，他一定會以他得到 A⁺ 的成績自豪。」

此外，為孩子介紹用不同的語彙，來表達一些相關的情緒和感覺，例如：發火、生氣、惱怒、不安等字眼。

二、幫助孩子分辨情緒和行動的差別

了解情緒並沒有好壞之別。「感覺生氣」並不表示「好」或「不好」。但是「打人」卻是一種行為，「打人」就是不能被接受的。你可以說：「你生氣沒有關係，但是我不能讓你打妹妹。」

三、接受且強化孩子自己的情緒

大部分的人都已經被訓練成忽略或壓抑自己的情緒，例如女孩子常常被教導：「『生氣』不是女生該有的行為，那很不恰當。」而男孩子就會被教導「不可以哭」。你可以透過傾聽和回應，來認可孩子的任何感覺。單單傾聽就好，不要隨意做判斷，應該把兩件事分開處理。要記得，孩子的感覺是屬於他們自己的。

當你回應孩子的感覺時，例如：「你很生氣，因為心怡現在就得回家了！」你並不是想要去解決這個問題，而是透過回應來知會孩子的情緒狀態，進一步幫助他們處理自己的問題。

四、提供孩子多樣處理情緒的方法

如果大部分的孩子，能如你所意，用「說」的方式來表達自己的情緒，大人就省掉許多處理兒童情緒的麻煩了。但是孩子需要各式各樣的方式來反映自己的情緒，不論透過聽覺的、肢體的、視覺的、創造的、或者是自我安慰的方式。一旦孩子對各式各樣的情緒表達，有了親身的體驗後，你就可以問問他們喜歡運用哪一種方式。

例如：「你現在要生氣嗎？」「還是想要改變你的情緒？」如果你的孩子想要改變，你可以說：「那你要怎麼做呢？我們看看，你可以繞著那些積木跑來跑去，或者是寫一張卡片寄給心怡，或者談談這些感覺，或者讀你最喜歡的故事書。」在你為孩子提供這些不一樣的點子時，讓孩子選擇合乎自己需要的方法。基本上，所有的孩子都需要覺得自己的情緒被認可接受。

五、也請你溫柔地對待自己

記得哦，有一些問題很快就能夠被解決，而有些其他的問題，需要花上比較長的時間和反覆的練習。為你的孩子和自己所想要的目標，勾勒出一份長遠的計畫。在過程中可以不斷地提醒自己，你已經做的努力和進步。

小凱手上小心地拿著棒球卡，一面走到樓上自己的房間，他覺得很幸運能夠得到這一張卡片。因為直到最後關頭，他的朋友志開才跟他交換這張棒球卡片。

「媽媽！」他喊，「我終於拿到張誌家的卡片了。」他決定把它和其他的卡片放在一起，藏在抽屜裡，這樣小迪就找不到它們了。小凱和他的弟弟小迪住在同一個房間，可是他最討厭小迪常常會把他的東西弄得亂七八糟。「就像昨天，他把我一整排的麥克筆都弄得亂七八糟的。」小凱喃喃自語：「今天不知道他又要做什麼壞事了。」

他一面走上樓，一面看著他手上的卡片，這個感覺就像是從前他的小叔叔給他卡片的那種感覺。而且這張卡片沒有那張那麼舊，最重要的是這張是張誌家的棒球卡。

小凱轉進他的房間，忽然間，他很生氣地大叫！因為他發現那些他很小心藏起來的小叔叔給他的卡片，竟然散得滿地。「小迪！」他大喊著弟弟的名字。

這時小凱聽到浴室裡有一些聲音，當他衝進去的時候，他發現小迪趕緊把一些東西藏在他的背後。「你手上拿著什麼東西？」小凱瞪著小迪，要他把手上的東西拿出來。小迪看起來好像很罪惡的樣子，可是什麼都沒有說。

「給我！」小凱命令他。當他一步一步走近他的時候，小迪一直都不敢動，小凱走到他旁邊，然後伸手到他背後，發現小迪手上拿著東西，然後他看到陳金鋒的棒球卡已經掉在馬桶裡了。

「喔！」小凱尖叫。當他把那個溼答答的卡片從馬桶裡撈出來時，發現卡片上已經被畫得亂七八糟了！小凱惱怒極了，他根本不知道，到底是要先修理小迪，還是趕快把卡片弄乾。

這時媽媽把頭探進浴室問：「發生什麼事了？」

「他把我的卡片弄壞了，在上面亂畫，還要把它沖到馬桶裡去。」小凱尖叫：「我要把他痛打一頓！」

媽媽走到兩個男孩中間。「小凱，你是不是很氣憤？」

「我不只是氣憤。」小凱大叫：「簡直是快氣炸了！」

8

9

「大部分的人都有過發火的經驗。比如說你今天遇到這種事情，當然會覺得很氣憤。」然後媽媽就轉頭跟弟弟說：「小迪，到你的房間去，當我跟小凱談完之後，我再來跟你談一談。」

「媽媽，你知道那是我最愛最愛的卡片啊！」小凱說。

「我知道啊，你覺得很氣憤，尤其是當有人破壞你的卡片時，會有一種被背叛的感覺。」

「媽媽，我心裡面真的覺得非常非常氣憤，我現在沒有辦法思考。」

「你要不要一些建議啊？」媽媽問。小凱點點頭。「好，我現在馬上想哪些事情可以幫助你。」媽媽說。「你可以──

有很多建議，你要從哪一個建議開始試試看？」

你覺得小凱會從哪個建議開始做起呢？

請翻到孩子所選的那一頁，如果沒有人選擇任何方法，請翻到下一頁。

打弟弟

「我要去揍他。」小凱宣布。「如果我揍他，就會給他一個教訓，我也要讓他很不快樂。」小凱開始走到小迪那裡去。

小迪趕緊躲到媽媽的身後去，然後很緊張地向外看。

「是啊，你可以打弟弟，或許可以讓你好過一點，但是事情還是沒有解決啊，而且你打他的話，會發生什麼事呢？」媽媽問他。

「他一定會跟妳哭訴啊，然後妳就會處罰我，因為我們不可以打人！」小凱又說：「可是媽媽，那不公平，他把我的卡片弄壞了，這樣也傷害到我了啊！」

「是啊，小迪是真的傷害到你了，等你決定要怎麼做後，我就會去跟他談一談，如果你有很氣憤的感覺，或許你可以把那些精力用來練習踢球，或者把家裡地下室的儲藏櫃清理一下。」媽媽說。

「好吧，媽媽，你可不可以幫我保管這些。」小凱一面說一面把他手上剩下的棒球卡片給媽媽。

你覺得小凱接下來會怎麼做呢？

13

踢足球

　　小凱拿了一個足球，然後走到外面去。他想如果我不能打弟弟，或許可以來練習踢球。

　　開始的時候他只是很用力地把球往牆踢，當他不想再去追球的時候，他就開始用教練的方法以腳的側邊踢球，結果球每次都是直直地回來。當他踢了十來下以後，就停下休息。

　　這個感覺很好。忽然，他又想起發火的原因是因為陳金鋒的卡片被弟弟在上面鬼畫符。「好吧，」他想，「踢球是有點幫忙，但我只要想到那些被他搞壞的卡片，我就很氣憤。」

　　你覺得小凱接下來會怎麼做呢？

到地下室清理儲藏櫃

當小凱走到地下室的時候，他一面想為什麼每次他發火的時候，他的胸口都會覺得悶悶的，只要他想到小迪所做的事情，那種感覺就愈加強烈。「在我快要爆炸之前，我必須要做一些其他的事情。」他想。「我就來清理這裡吧！反正這些事本來就是我要做的。」

清理地下室的儲藏櫃也不錯啊！先把裡面的東西拿出來，然後撢一撢灰塵，再把東西放回去，而且大部分的儲藏櫃裡面，有很多的箱子、腳踏車和一些運動器材。記得上一次清理的時候，大概花了半個小時，或許他今天可以做得更快。

他很快速地做著，他一面做，一面發現不舒服的感覺好像慢慢地消失了。「嗯！為什麼努力工作之後，剛剛胸口悶悶的感覺就慢慢地不見了呢？」他覺得很奇怪。

最後他終於完成了。他看看手錶，「二十分鐘。哇！這一次比上次快十分鐘。」他跑到樓上去告訴媽媽。

「媽媽，我剛剛清理那些樓下的儲藏櫃，比以前還要快，快很多，而且我已經沒有那種快要爆炸的感覺了。」

「太棒了，你終於找到一個比較健康的方式來處理你那些多餘的精力，而且你打破了自己的紀錄哦！」媽媽微笑著說。「當你一直不斷地在忙碌的時候，小迪也是在忙碌哦！你知道嗎？他有些事情要告訴你。」

 （請翻到第30頁。）

打電話給朋友

小凱打電話給小傑，撥了小傑的號碼。「你知道嗎，我很氣憤，我想我可能快要氣瘋了，因為我弟弟在我那張陳金鋒的棒球卡上亂畫，而且還要把它沖到馬桶裡去。」小凱一面講一面覺得很噁心。

「難怪你要發火，如果是我也會和你一樣。上一次我發火是因為妹妹把我的烏龜放出來，而且把牠們弄丟了。」

「天啊！那你怎麼辦呢？」小凱問。

「我先去聽音樂，然後我又編了故事，內容是關於一個小女孩把她哥哥的寵物弄丟了以後，一個老巫婆怎麼幫助小男孩的故事。我很喜歡寫故事，因為寫故事的時候，可以讓任何事情發生。」

「聽音樂和寫故事真的讓你覺得比較好過嗎？」小凱問他。

「那些方法對我有幫助啊，因為音樂和故事可以暫時緩和想要打妹妹的衝動。可是有時候，問題還是沒有解決。當我靜下來的時候，我還是得找妹妹談一談。」

你覺得小凱接下來會怎麼做呢？

去聽聽音樂 ⋯⋯⋯⋯⋯⋯⋯⋯⋯⋯⋯⋯⋯ 第20頁

編一個故事 ⋯⋯⋯⋯⋯⋯⋯⋯⋯⋯⋯⋯⋯ 第22頁

去聽聽音樂

　　小凱請他的朋友小傑來他的家裡。「當你很氣憤的時候，都聽些什麼樣的音樂呢？」

　　「我喜歡軍隊進行曲，還有一些很響亮的音樂。然後我會在房間裡走來走去，並揮舞著兩隻手臂，像個指揮家一樣。但我的爸爸比較喜歡安靜的音樂，他會坐在那裡，慢慢的讓他身體裡的感覺流掉，然後這些比較安靜的音樂會充滿著他，讓他覺得比較舒服。」

　　「媽媽，你可不可以幫我放一些生氣的音樂還有安靜的音樂？我想試試看讓自己平靜下來的方式。」小凱請求。

　　「好吧。」媽媽說。媽媽開始到處去蒐尋適合的音樂：「可以放貝多芬的命運交響曲當成生氣的音樂，也可以用我最愛的大自然音樂當成安靜的音樂。」

　　小凱和小傑兩個開始手舞足蹈，一面轉一面跟著音樂的旋律扭來扭去，當音樂結束的時候，他們兩個都笑成一團。

　　「這一次，我想可能不需要安靜的音樂。現在我要來想個很好笑的故事，或者去找小迪談一談。」小凱心裡在想該做哪些事。

　　你覺得小凱會怎麼做呢？

編一個故事

小凱想：「在故事中，我可以自由發揮做任何事。我可以把弟弟變成一隻癩蝦蟆，這樣他就沒辦法再把我的東西弄得亂七八糟。

很久很久以前有個小男孩叫做阿達。他和他的哥哥住在一個修理東西的店裡面。一天早上，哥哥阿理需要出門，臨走時告訴弟弟：「不論你做什麼，請你絕對不要碰我工作桌上的那張圖畫，那圖畫是客人的。」

當阿理離開的時候，阿達很快地跑到哥哥的工作室裡，他看到那張圖畫，就頑皮地拿起了一枝筆，然後在上面畫了兩撇鬍鬚，突然間阿達聽到「啪」的一聲，那幅圖畫活了起來，有一個人從畫框裡面跳出來，並且把阿達變成一隻癩蝦蟆。

當阿理回到家時，他根本認不出他的兄弟，他把癩蝦蟆放到外面去。

那天晚上有一個老太太來到這個商店想拿走這幅圖畫。當她看到阿達所做的事情，她告訴阿理：「你如果想要再見到你的兄弟，一定要在日出之前，把圖畫上的東西修理好。」

阿理花了整夜的時間把圖畫上的兩撇鬍鬚清除掉，直到太陽出來了，他突然又聽到啪的一聲，那個咒語忽然消失了，然後阿達就出現在剛剛那個癩蝦蟆站的地方。「謝謝你。」阿達抱住哥哥哭著說。

就在這個時候，老太太又來拿她的圖畫，她轉向阿達並告訴他：「這是一個教訓，請你以後不要再隨便弄壞別人的東西。」

「這個故事實在太好笑了。」小凱想。「而且我覺得好多了，我要把這個故事告訴小迪，希望他能從這個故事中學到一些教訓。」

你覺得小凱接下來會怎麼做呢？

深呼吸三次 ⋯⋯⋯⋯⋯⋯⋯⋯⋯⋯⋯⋯⋯⋯ 第24頁

做個計畫 ⋯⋯⋯⋯⋯⋯⋯⋯⋯⋯⋯⋯⋯⋯⋯ 第26頁

深呼吸三次

「媽媽，」小凱問：「要深呼吸有沒有什麼特別的方法呢？」

「有啊，也沒什麼困難的。有一些人會練習深呼吸，尤其當他們很害怕或是生氣的時候。」媽媽解釋。「如果你不深呼吸的話，就沒有辦法好好地思考。當你深呼吸吐氣的時候，你整個肌肉會放鬆，生氣的感覺就能放掉。你必須用力地吸一口氣，然後停止一會兒接著再把氣放掉，當你將氣吐出來時，所有的肌肉都會放鬆。」

「好吧。」「吸—停。」小凱自己一面呼吸一面告訴自己。「吸—停—呼。這樣子對嗎？」他問媽媽。「可是我還是覺得很氣耶！」

「應該沒關係，有時候可能要深呼吸三次，有時可能需要五或十次。怎麼樣讓你消氣還是要看你到底有多生氣，越生氣，要吸的次數就越多。」

「吸—停—呼，兩次；吸—停—呼，三次；我現在比較冷靜了嗎？」他自言自語。「沒有啊，可是我好像覺得好一點了，那我再繼續吧！」小凱繼續做第四次、第五次、第六次的深呼吸。

小凱再次去感受他自己的感覺。「嘿！」他想。「這次真的有點作用了。」

你覺得小凱會怎麼做呢？

做個計畫

　　當小凱比較冷靜的時候，他覺得必須要想點對策，小迪才不會輕易地拿到他的卡片。小迪不應該去碰他的東西，小凱一定要想一個辦法。

　　「也許我應該找一個新的地方來藏東西，一個比較高的地方。」他想。「哦喔！」他提醒自己。「光是把東西藏起來，可能沒什麼作用。」

　　「我想應該做個陷阱，而且讓那個陷阱發出聲音，當他一打開抽屜的時候，它就會嘎嘎作響。」

　　「我知道了，我可以用我的盒子，加上一個鎖，然後把鑰匙藏起來。」他用一個很舊的盒子，拿出一支很亮的鑰匙，他小心翼翼地把那些卡片放到盒子裡面並且把它鎖起來。

　　「嗯，那現在我要把鑰匙藏在哪裡呢？」他問自己。

　　「好像不管把它放在哪裡，小迪都會找到，他很會找東西，所以我想最好還是把它掛在脖子上吧！」

（請翻到第30頁。）

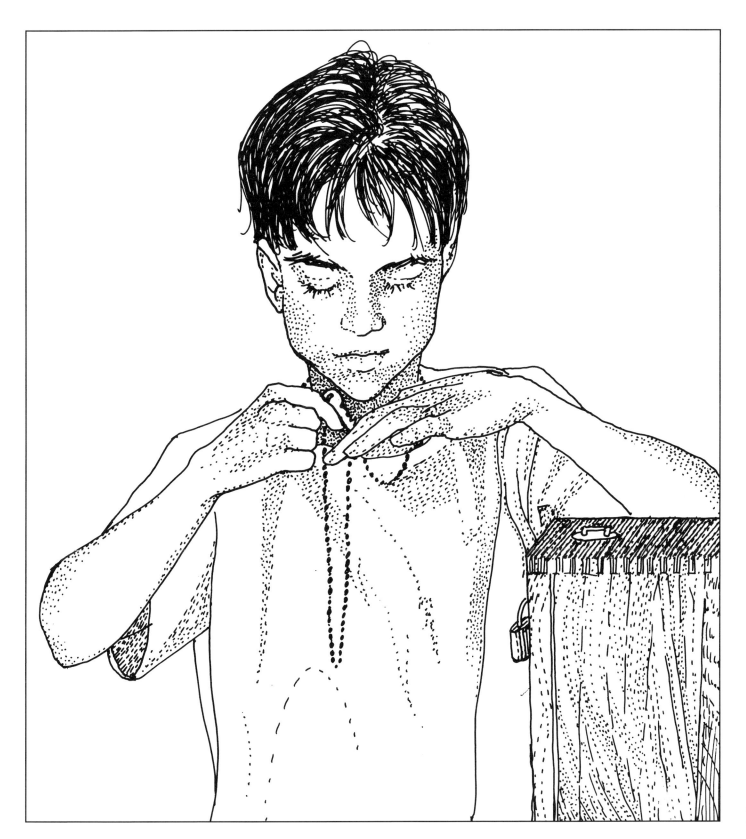

和小迪談一談

「小迪，你為什麼要把我的卡片弄壞？」小凱問小迪。

「我不是故意把它弄壞的。」小迪很誠實的回答。

「那你是什麼意思呢？」

「我只是要把它們弄得更漂亮啊！」

「可是你為什麼要把它們拿到浴室裡去？」

「把它們洗一洗，因為它們看起來舊舊的不好看啊！」

「小迪，我很生氣。」小凱解釋。他很冷靜地告訴他：「這些東西放在我的抽屜裡，如果你沒有先問我的話，不可以自己把它拿出來玩，因為你會把我的卡片弄壞，現在你需要把它們修理好或者做一件事情來賠償我。」

（請翻到第30頁。）

跟小迪談和

在媽媽的協助下，小迪又再度面對哥哥小凱。「對不起，哥哥，我真的不是故意要把你的卡片弄成那個樣子的。媽媽和我會想辦法把它修理好。」

小凱很小心地看著那些卡片。「嗯！他們看起來好多了，但是跟以前不一樣了。」小凱很嚴正的回答。

「我知道。」小迪說。「我可以賠你我的毯子，希望它可以讓你好過點。」

「你要把你心愛的毯子給我啊？可是你平常沒有毯子就沒辦法睡覺的啊！」小凱很驚訝地問著弟弟。

「可是我想要讓你覺得好過一點！」小迪一面眼中含著淚，一面把它交給哥哥。

「好吧，我今天下午就用你的毯子，但是我今天晚上就會還給你。可是你這一週要幫我在吃晚飯時擺好餐具，好嗎？」小迪點點頭。

「我們的友誼恢復了嗎？」小迪很小心地問哥哥。

「是啊！」小凱點點頭，而且抱抱他的弟弟。

（結束）

31

想法欄

小凱的想法

- ✔ 打弟弟
- ✔ 踢足球
- ✔ 清理地下室的儲藏櫃
- ✔ 打電話給朋友
- ✔ 聽音樂
- ✔ 用安靜的音樂解除生氣的感覺
- ✔ 編一個故事
- ✔ 深呼吸三次
- ✔ 做個計畫
- ✔ 和小迪談一談
- ✔ 跟小迪談和

你的想法

兒童情緒管理系列 52010

我好氣憤

作　　者：Elizabeth Crary
插　　畫：Jean Whitney
譯　　者：林玫君
總 編 輯：林敬堯
發 行 人：洪有義
出 版 者：心理出版社股份有限公司
地　　址：231 新北市新店區光明街 288 號 7 樓
電　　話：(02) 29150566
傳　　真：(02) 29152928
郵撥帳號：19293172　心理出版社股份有限公司
網　　址：http://www.psy.com.tw
電子信箱：psychoco@ms15.hinet.net
駐美代表：Lisa Wu（lisawu99@optonline.net）
排 版 者：博創印藝文化事業有限公司
印 刷 者：博創印藝文化事業有限公司
初版一刷：2003 年 1 月
初版十三刷：2019 年 5 月
I S B N：978-957-702-549-4（全套）
定　　價：新台幣 650 元（全套六冊，不分售）

解決社會問題……

兒童問題解決系列 教導兒童思考他們所遇到的問題。每個互動性的故事可讓讀者選擇主角的行動，並且知道結果為何。適用年齡為三至八歲。

本系列由 Elizabeth Crary 撰寫，Marina Megale 繪圖，林玫君翻譯。

52021 美美和咪咪都想玩小貨車

52022 小珍不喜歡被小迪叫笨蛋

52023 宗凱不想一個人玩，他想和別人一起玩

52024 修文的媽媽準備要出門，他感到難過又害怕

52025 琪美正在玩跳跳床，小志也想玩，他等不及了！

52026 佳佳和爸爸在動物園走失了，她很擔心找不到爸爸

應付強烈的情緒……

兒童情緒解決系列　介紹六種強烈的情緒。孩子可以從書中發現安全且具有創造性的方式來表達這些情緒。每個互動性的故事可讓讀者選擇主角的行動,並且知道結果為何。適用年齡為三至九歲。

本系列由 Elizabeth Crary 撰寫,Jean Whitney 繪圖,林玫君翻譯。

52011 我好生氣

52012 我好沮喪

52013 我好得意

52014 我好害怕

52015 我好興奮

52016 我好氣憤

解決人際關係的困擾……

兒童自己做決定系列　教導兒童去思考他們和其他兒童相處時可能遇到的問題。每個互動性的故事都可讓讀者選擇主角的行動，並且知道結果為何。適用年齡為五至十歲。本系列由 Elizabeth Crary 撰寫，Susan Avishai 繪圖，林玫君翻譯。

52031　有人偷了心怡的醃黃瓜，她該怎麼辦呢？

52032　小威需要安靜，他的妹妹想要玩——現在，他該怎麼辦？

52033　芳芳的一個同學總是從她頭上搶走她的帽子，她該怎麼辦？

52005　在幼稚園的感受：進森的一天

　　讓我們跟著進森走入他的幼稚園，去體驗一個四歲大的孩子，在學校一天生活中可能發生的狀況與感受，包含生氣、驕傲、及各種複雜的心情。透過老師的幫忙，進森慢慢練習用言語來表達他的感受。老師可以試著拿進森的例子和幼兒討論他們的感覺。在學前的階段，如何妥善表達及處理自己的感覺是非常重要的學習經驗。

　　本書由 Susan Conlin 與 Susan Levine Friedman 撰寫，M. Kathryn Smith 繪圖，林玫君翻譯。